창조문학대표시인선 · 266

대관령 옛길

임 갑 빈 제 4시집

창조문학사

□ 시인의 말

꿈이 만든 길에서

100세 시대에 살면서 내 인생의 가을을 맞는 77세에 77편의 시를 네 번째 시집에 상재하기로 했다.

등단한지 어느덧 5년째 접어든다.
그러나 써놓은 습작을 읽을 때마다 쑥스럽기 짝이 없다.

시를 전공한 것도 아니고 늦깎이 취미생활로 쓰기 시작한 일이지만 시를 읽는 독자와 공감대를 형성해야하기 때문에 마음이 더욱 무거워 지는 것이다.

시에 대해 눈을 뜨면서 조금씩 맛을 알게 되어 자부심도 갖게 되었다, 독자의 가슴에 와 닿는 한편의 시가 있다면 보람을 얻으리라.

앞으로 더욱 좋은 시로 독자에게 다가가고 싶다, 존경하는 문학박사 홍문표 총장님의 지도와 금번 4집에 시평과 감수해 주신 문학박사 유창근 교수님께 감사드린다.

— 무술년(2018년) 가을날에
東泉 任甲彬

대관령 옛길

임갑빈 제 4시집

| 차 례 |

제 1부 / 당신의 세월

제 2부 / 고향의 강

제 3부 / 미풍微風

제 4부 / 마닐라 베이 석양

제 5부 / 대한민국

제 1부
당신의 세월

당신의 세월.1

검버섯 텃밭에

아버지가
고랑치고 씨 뿌리니
어머니는
꽃피고 열매 맺네

청과는 익기 전에
여인의 앞치마에 떨어지고

어느덧
이파리는 주름진 몰골에
하얗게 쭉정이로 남았네.

당신의 세월.2

선비의 풍류는
유수 같고

관직의 권력은
화살 같은데

서민인들
허무한 세월 아니던가!

인생은 너 나 없이
한 토막의 희곡이었네

나의 아버지

하늘빛이 잿빛이었을
1944년 2월의 남양군도

포성의 공포에 질린 바다는
아비규환의 성난 파도였으리라

전선에 산화 된
일제日帝징용의 조선인
나의 아버지

한줌의 재가 된
환향은
한 여인의 푸른 가슴을 태웠으리라

그때 내 나이 한 살 반
어머님 젖 비린 요람의
천사 웃음은 위로가 되었을까?

75년이 지난 지금
고적한 전장의 뒤안길에
묵념의 눈물만 흘러내린다.

외할아버지

모시 두루마기에
슈바이처 모자 쓰고
지팡이에
가방 든 노신사
지금 내 나이쯤 이었을까?

장터에서
국화빵
흰 운동화 사주시던
외할아버지

·

저 산 너머
구름타고 가셨다

부부夫婦

봄볕 타고 시집 온지
몇 해던가

낮에는 마주 보다가
밤에는 하나가 된 촛불

녹아내린 작은 우주에
열매가 익어가는 천국

고운 정 미운 정
만리장성 쌓아가리

우정

때로는
인생을 다 걸고

때로는
가슴을 열어놓고

정처 없이
훌쩍 떠나고 싶은 동반자.

정情

세월따라
깊은 장맛 우러나듯

미움도
고움도
마르지 않는 옹달샘

끈끈한 것을
절단하지 못한
가슴의 탄소 덩어리

젊은이의 꿈

"나물먹고 물마시면
대장부 살림살이라" 하였던가?

별을 훔치며
장미에 취하고
피아노 선율이 흐르는 밤

내 집
꿈꾸며 살고 싶다

이산가족

저마다 가슴에
다이아몬드를 품고 있다

보이지 않는
보석은
태양만큼이나 뜨겁고

마르지 않는
호수는
은하수와 자맥질 한다

오랜 세월을
가난과 싸워온
핏줄의 짙은 빛깔

아픔의 골짝에서
뜨겁게 흐르는 강물

홀아비

무화과는
익어 떨어지고

서리 앉은
나목은 춥다

고목은
봄을 기다리지 않는다.

치매

밤낮을 모르고
걷는 방랑자

캐쥬얼 복장에
맨발의 외출

남편도 부인도
언제나 딴 사람

갑질甲質

파뿌리
주례 서약을 했건만,

남성의 지배가
여성의 갑질로 전위되니

빰 맞고
밥 짓고
욕 먹고
청소를 하청 받아야 하는
시대 변모가 황금알 낳는다.

닮은꼴

나도 나쁜 놈이지만
너도 나쁜 년이다

지팡이

늘그막에
벗 하나 만나

훠이훠이
먼 길
떠나는 길동무.

한번 때문에

욕심은
넓고 깊은 바다

끈질긴
자존심의 넝쿨

한번 때문에
줄기는 끊기고

가랑잎 방황하듯
바람타고 강물타고

그리움

타원 속에 씨앗 트고
꽃 열매 맺던
두메산골

술잔에 달 앉혀
풀피리 불던 뚜엣

우리는 함께
영원을 노래했지만
세월은
운명의 이별이었지

반세기의 향수
너를 잊고 살았다

회상

파도 칠 때마다
옛 생각 선명하다

사랑과 미움
장마에 씻기고

회상의 날개
가슴에 퍼덕이며

란이의 미소가
과수원 울타리에 걸려있다

제 2부
고향의 강

고향의 강.1

사비성
휘감은 백마강

꽃잎
여울진 강물

햇살로 녹이고
달빛에 얼려도

백제의
영혼이 숨 쉬는 강

고향의 강.2

백마강에
잠긴 보름달

고란사 범종소리에
물결 일면
강변에 갈대
덩달아 파도 타고,

황포돛배
달빛에
사랑노래 부르던 강

낙화암

그물에 걸리지 않는 바람
꽃잎을 지우더니

꽃 바위
유비무환의
한을 달랜다,

백마강에
물든 넋
영겁을 흐느끼며

하늘에서
땅에서
백제의 통곡소리가 들린다.

구룡 평야

내 고향 부여扶餘
서편에
텅 빈 하늘이 있다

달을 물고 행군하는
기러기 울음소리

넓은 들녘
밭을 가는 워낭소리

풍작의 기쁨
갈건이 풍물소리.

청 보리밭

햇살도 녹이지 못한
하얀 수평선

보리 체온에
파란 줄 그었다

똥거름 시골향기
청 보리밭

보리 고개 넘으려고
잔인하게 밟았다

보리 죽

푸른 들녘
황금빛 너울

망종에
목이 타더니

보리죽
방귀 한번 날리니
허기지더라,

소낙비.1

어깨를 두들기다가
떠나버렸네

떠난 자리
고추밭에 무지개 뜨고
굽은 허리 일으켜
주름살 펴드니

밤에는 열대야 몰아내고
나그네처럼 사라졌네.

소낙비.2

칭얼대는 아이에게
호통 치던 엄마

회초리 멍든 자국
후회의 눈물 쏟아낸다

잠들면 색종이에
파란 하늘 그려준다

가을 호수

밤하늘 내려앉은
호수의 달빛

은하수는
여인의 스카프처럼
반짝이며 너풀거린다,

자맥질하는 별들을
손바닥에 담고 싶다
단풍잎 한 잎 따서

밤송이

정액精液이 흐르던
꽃향기에
얼굴 붉히던 여인

너털웃음에 빠진
털보의 금니를
앞치마에 주어 담는다,

그날의 향수가
그리운가보다
밤송이처럼 웃고 있다.

오작교

견우직녀가 만나는
오작교를
내 마음속에 놓으면

별빛이 반짝이는
반딧불 집성촌 냇가에
갈대꽃이 핀다,

렌의 손을 잡고 건던
추억의 그 다리가....

옹달샘

해와 달
별들이 내려와
몸을 적시는 옹달샘

댕기머리 소녀가
물동이 이고가면
강아지가 쫄랑쫄랑

등목하는 처녀의
젖가슴을
훔쳐보며 헐떡인다,

조약돌

산골짝 개울물에
머리감는 소리

비구승의 목탁소리
노스님 법문소리

산새들 바라춤 추면
동자승 재잘대는 소리

골짝마다 울려나오는
조약돌의 노래 소리

7월의 작별

더위에 지친
장미
붉게 취해 휘청거리더니

연두색 옷깃으로
작별의 손짓을 한다,

5월의 여왕을
짝사랑하던
더벅머리 총각 울고있다

나를
버리고 간다고

능소화.1

안색이 고와
사랑에 빠지고

미소에 녹아
혼이 나갔다

첫사랑 여인 같다.

능소화 . 2

담벼락 모퉁이에서
한 여름을 태우더니,

기다리다 지친
망부석
비운의 한 서린 독을 품는다,

일장춘몽一場春夢이라 하더니
비단구두 벗어버린
앞뜰에
핏물만 고여 있구나.

숲속의 호수 . 1

여명은
구름을 뚫고 화살을 쏜다.

보조개
호수에 풍덩 빠지면
파문의
호수는 춤을 춘다

자맥질하는
잉어와 친구로 살고 싶다

숲속의 호수 . 2

숲속의 호수가
별을 삼킨다,

자맥질하는 오리가
쭈그러진 달빛과 줄넘기 한다

우주를 담고
밤을 즐기는 침묵의 낙원이다

나목裸木의 노래 . 1

지휘자도 없는
알몸의 합창

테너와
소프라노의 세레나데

긴 겨울밤의 고독

나목裸木의 노래 . 2

햇살에 벌거벗고
일광욕 하던 너

달빛에 피리 부는
곱슬머리 히피족

오늘 밤 침실에
자장가를 불러다오

가랑잎

나뭇잎이
바람과 사라져갔다

푸르게
붉게
갈색으로 떠난 지금

그 어느 곳에
방황하고 있을까?

겨울 풍경

목이 타
혈색이 곱디고운
가을은 가고

등푸른 생선 토막
잔가시에 우는 까치는
눈꽃을 따먹는데

검둥개 강아지가
매화를 그려놓으면

비탈길 썰매 타는
아이들 함성이 메아리친다.

홍시 따던 날

상처 난 홍시에
피가 흐른다,

내장을 핥으며
허기 채우던 그날

옛 친구
생각난다.

설화雪花

눈 쌓인
시골길에 핀 꽃

면사포 쓴
천사의 결혼식

둘러리 아이들
눈썰매 축가 소리

나는 지금
설경을 액자에 넣고 있다.

제 3부
미풍微風

미풍微風

날개가 있었나?

들꽃 향 실어 와
구슬 땀 씻어간

살며시 왔다가
살며시 가버린

허공의 떠돌이

눈目의 언어

화났을 때
실눈

놀랐을 때
토끼눈

웃을 때
초승달

사랑할 때
눈을 감더라.

후리지아

녹색 롱스커트
가냘픈 허벅지

짙은 향기 품더니

노랑머리로
유혹하는 너를

한 아름 안고 침실로 간다.

연화蓮花

선천성 골다공증으로
피골이 상접한 당신

가슴을 비우듯
마음을 비우셨나?

온 누리에
천상천하 유아독존이어라

동백꽃 . 1

초가지붕 처마에
눈 녹아내리면

울타리 너머 엿보던
붉은 입술의 여인

장옷 벗어 던지고
미친 듯 함박웃음 짓는다,

동백꽃.2

하얀 면사포 쓴채
침묵의 미소

붉은 입술에
안기고 싶다

노루귀 꽃

눈 헤집고
눈비비던 손바닥

햇살에 눈부셔
분홍모자 쓰고
양지바른
바위 밑에 미소 띠우면

노랑 복수초가
가랑잎 사이로 손짓한다.

줄기가 있다면
너의 손을 잡으련만

홍매화

홍안의 소녀가
눈밭에서 떨고 있다,

하얀 드레스를
벗기는 얄궂은 햇살

생리의 흔적을
향기로 토해낸들

그녀의 정절을
뉘라서 꺾으랴?

제 4부
마닐라 베이 석양

마닐라 베이 석양

야자수 잎새에 걸린
주황빛 햇살

35도의 작열은
목 탄 듯
바다를 마신다,

불기둥이 떠있는
마닐라 만灣의 석양

가슴 태우는
대동아 전쟁의 불꽃을
바라보고 있다.

기츠기 성城

고성古城은
무사들의 역사

파도를 탄
물새들의 보금자리같이
정박한 선상은
사무라이 옛 마을

썰물에 씻긴 빈 바다에
조개들은 무사의 비밀 엿듣고
밤하늘의 별들은
역사의 발자취를 토하고 있다.

벳부의 지옥온천

담배연기가
산골짝에
모락모락 피어난다,

끓는 유황 수증기는
천 이백년의 분출이다

온천수에 익힌
7엔짜리 달걀을 먹으며
족욕足浴하는 여인들

관절 환자가
지팡이도 버리고 간다는 곳

지하 300m 온천수는
역사를 삶아내고 있다

유후인 휴양지

왕래가 끊겼던
외딴 마을에
봄볕은 흐르고

카페 거리 인형의 집
고로케 맛
재회의 추억이다

긴린호수 금붕어 떼
석양은 신의 그림

이름 모를 꽃길엔
기모노 여인의 미소

뽀얀 유황 수증기가
벚꽃으로 활짝 핀다.

카에루 데라

개구리 형상
나한羅漢의 사찰

돌아온다는 기원은
언덕에 핀 연화

목탁소리 없고
노승마저 볼 수 없는

인생을 초월한
3천 개구리의 소원을 빈다.

아나콘다

밀림을 달리던
긴 황금열차

서행하기에
잡아탔다.

*아나콘다; 아마존 밀림에 사는 뱀 (길이 6~10m정도),
원주민의 식용으로 씀

외도外島

남해 바다
외로운 섬
너울이 숨 가쁘게 춤춘다,

어깨 넓은 사내
머리칼을 빳빳이 세우더니

꽃가마 타고 온 여인
덥석 포옹하며
혼자서 물위를 걷고 있다

사량도蛇梁島

삼천포 앞바다
40분 뱃길

두 주먹 불끈 쥔 사나이가
거무스름한 얼굴에
알록달록한 잠바차림으로 서있다

봄볕에
풀어놓은 허리띠가
두 형제의
의로운 손을 잡고 있다.

미황사美黃寺

해남 달마산
동백꽃에 묻힌 미소

사바세계
오염 씻은
꽃향기에 벌 나비 떼

가피로 맺는 열매
합장하며 소원을 빈다.

대관령 옛길

단풍
정수리 염색하고 하산하는데

안개
산허리 휘어감아
갈 길을 멈추게 한다,

풀잎
온 몸을 적셔 눈물짓는데

옛길
주막집 야화가
구름타고 전해온다

하늘공원의 가을

마포麻浦 서쪽
하늘공원에 가을이 오면

코스모스 색동옷 입혀
억새꽃 합주가 시작된다,

낙조가 물들면
활공하는 청둥오리 떼

달빛 내려 깐 도심
환희의 낙원

끝자락 호반에
국화향기 맴돈다.

제 5부

대한민국

대한민국

미소 잃은 두 얼굴
70년 세월의 한恨

심장의 고동소리
온 세상 울리네,

자유평화가 흐르는
한강의 성난 파도

때 아닌
5월 단풍 붉게 물들고

한 송이
무궁화 꽃 시들었네.

태극기

3월이 오면
창공에 선열의 미소

이 땅을 지켜온
당신의 희생
숭고한 넋을 받들어
묵념합니다,

당신의 인감으로
이 영토의 소유권을
무궁화 꽃으로
주인이 되게 하소서!

묵념

선열이시여
지금 당신을 기억합니다,

정의를 위해
만세를 위해
하늘나라에 영면하신
당신을 위로하고 있습니다,

아직도 이 땅에 머물며
역사를 이어가는 우리는
험난한 산 넘고
깊은 강을 건너 평화를 찾습니다,

장송곡 울릴 때면
하염없는 눈물납니다..

소녀상.1

전쟁의 미로에
길 잃은 여인

화약 연기 속에 핀
꽃향기를 잃었다

내 인생에
봄은 오려나?

소녀는
회한의 하늘만 바라본다.

소녀상.2

영문도 모르는
조선의 소녀가
적도의 이방인이 되어

분홍빛 향기를
제국의 낙원에 뿌렸다

까맣게 탄 영혼
미로를 헤맨 채
뼈에 사무친 잔영만 남아

허탈한 세월 안고
돌아 온 백발

가슴에 묻어두고
아직도 못 다한 말
방방곡곡에 토한다.

열쇠와 자물쇠

남과 북의
통일을 풀어다오

자유와 평화
네 손에 있다

네가
판도라 상자의
주인이라는 것을 안다

벚꽃

안개가 피었는지
연기가 타고 있는지

돋보기를
닦아 쓰지 않고는
알 수가 없다

너의 고향은
일본이라 했던가?

벙어리

달빛은
술래잡기에 빠지고

별빛은
화살로 사라져 가는데

밤하늘을
침묵으로 바라보고만 있다

미로迷路

뺑튀기 소리 장터
달빛 타고 춤 한마당

닭장 속
하얀 거위가 운다

붉은 하늘

하늘빛이
단풍들어 붉어지면

하늘이 땅이고
땅이 하늘빛이다

물구나무서서 본
님林의 그림

고목에 핀 꽃

빨갛게 물든
5월의 단풍이
미소 짓는다

달빛이
강물을 마시고
들새가
춤을 추고
바람이
뿌리를 흔들어도

고목에 핀 꽃은
시들지 않는다.

발자국

눈 위에 꽃이 피었다

매화를 수놓은
말티스 강아지

댓잎을 그려놓은
집비둘기

삭풍이 지우고 간다.

하늘의 밀어

나는 하늘의 비밀을
알고 있다,

달의 변신
별들의 속삭임
빛나고 꿈틀대는
몸짓을 안다,

목메어 울부짖는
검은 사생아의 눈물
슬픔을 걷어낸
눈부신 황제의 햇살

나는 이 코발트 속에
밀어가 있음을 안다

목련화

청송에 앉은 학은
날개를 접었다

이 땅 온 누리에
향기를 뿌린 목련화

전율이 온몸을 뒤덮은
저 함성의 메아리
폭풍의 언덕에 꽃잎 토한다,

아직 못 다한 말
목련화
그 DNA의 아름다운 자태는
시들어 낙화되었다

바람

얼굴도 팔다리도
본적이 없지만

연두색 그리다가
빨갛게 덧칠하더니

나뭇가지에
걸친 달을 그려내는구나,

심기 불편하면
캔버스를 부셔버리는

명화의 대가이지만
성질이 꺼칠한 때가 있구나.

영원한 분노

따가운 태양이
이 땅을 태우고 있다

36년의 질곡
그 역사의 뒤안길에서
치욕의 시대에
희생된 가슴이다,

제국의 야심에
헌신한 청년은
한줌의 재가 되었고

소녀의 꽃 몽우리는
이국異國의
들꽃이 되었다

갈대꽃 핀 강가에
하얀 들국화를 띄운다.

음주운전

술의 향기는
선비의 풍류를 유혹하지만

“술은 백성의 피요
안주는 백성의 땀“인줄 모르고

마패 칼날에
굴복한 죄인

음주운행 하다가
목숨 날렸다

무지개

비구름 뚫고
햇살을 뿌리면
일곱 빛깔
네온사인 궁 다리 놓는다

호랑이 장가드는
홍예문 앞에 서성대며

나무꾼은
선녀를 흠모하는
꿈을 꾼다.

□ 해설

關係의 美學的 距離

– 임갑빈 시집 『대관령 옛길』에 부쳐

유 창 근

시인 · 문학평론가 · 문학박사

임갑빈 시인은 1942년 충남 부여에서 태어났다. 고향에서 고등학교를 마치고 충남대학교 영어영문학과를 졸업한 뒤 공군으로 오키나와 유학생활을 거쳐 무역회사에 취직하여 영국·독일·일본·중국 등지를 돌아다니며 해외시장을 개척하는데 젊음을 바쳐온 분이다. 오랫동안의 해외생활은 문학적인 시야를 넓히는데 좋은 기회가 되었으며, 늦깎이 시인으로 등단하는데 밑거름이 된 것이다.

임시인은 오래전부터 혼자서 습작생활을 해 오다가 2013년 「창조문학」(통권90호)을 통하여 시인으로 등단하였다. 지금까지 『세월이 남긴 것들』(2014), 『아직도 못 다한 말』(2015), 『오랜 세월의 침묵』(2016) 등 3권의 시집을 상재한 바 있고, 이번에 네 번째 시집을 세상에 내놓게 된 것이다.

□ 임갑빈 시인의 시에는 인간적인 온기가 있다. 관심 있게 작품을 읽다보면 노신사에게서 풍기는 여유로움과 세상을 관

조하는 안목과 인생의 희로애락을 내포한 정情이 작품 여기저기서 묻어난다. 일반적으로 사랑이나 친근감을 느끼는 마음, 혼탁한 망념, 느껴서 일어나는 마음, 마음을 이루는 두 요소 가운데 감동적인 요소를 정情이라고 하는데, 정情에는 온기溫氣 이외에 멀고 가까움의 거리감, 탄력성, 설익음과 익음의 성숙도, 두텁고 얇음, 부드러움과 거침 등의 질감質感이 있으며 구수함의 미각味覺까지 포함한다고 한다. 임시인은 이번 시집에서 인간과의 관계, 고향과의 관계, 자연과의 관계, 조국과의 관계, 우주와의 관계를 각각 일정한 거리에서 서정적인 시점으로 조명하고 있는 것을 발견할 수 있다.

세월 따라
깊은 장맛 우러나듯

미움도
고움도
마르지 않는 옹달샘

끈끈한 것을
절단하지 못한
가슴의 탄소 덩어리

- 「정情」 전문

시인은 인간의 정情을 깊은 장맛에 비유하고 있다. 비유는 의인화가 아닌 사물들을 인격화해서 자아와 사물간의 동일시를 통한 친화를 시도하는 데 매력이 있다. 앞의 시에서처럼 정이나 사랑, 슬픔, 기쁨 같은 정서적인 것들을 된장이나 불꽃, 낙엽, 장미 등으로 동일시하거나, 종소리를 분수로 나타내는 등 비유는 사물을 또 다른 사물과 동일시하기도 하고, 민

주주의와 같은 사상적인 개념을 깃발로 동일시하기도 한다. 그러나 시적 언어의 특징 가운데 하나는 반드시 구체적인 감각성을 지녀야 한다는 점이다. 임시인이 정情을 장醬에 비유한 까닭도 바로 여기에서 비롯된 것으로 분석할 수 있다. 2연에서 진술하듯이 마르지 않는 옹달샘처럼 미움과 고움이 오래 쌓이면서 정情은 더욱 끈끈해진다. 정에는 또 보이지 않는 미적美的 거리가 있어서 때로는 고운 정처럼 아주 가까운 거리로 밀착되기도 하지만, 미운 정처럼 경우에 따라 예상 밖의 먼 거리를 두고 서로를 그리워하기도 한다. 한편 고운정은 시간적으로 오랫동안 관계가 지속되지만, 미운정은 좋았던 관계가 빨리 끝나버리기도 한다. 특히 이 시에서 임시인이 정情도 장醬처럼 오랜 기간 동안 숙성시켜야 더 깊은 맛이 난다고 정과 장의 관계성을 구체적인 감각을 동원하여 극대화시킨 점에 주목할 필요가 있다. 솔직히 정情이라는 관념의 세계와 장醬이라는 감각적 세계는 전혀 별개의 것이다. 그러나 시인은 정과 장이 오래 묵을수록 맛이 난다는 공통적 속성을 찾아 적절히 비유함으로써 작품을 성공적으로 승화시키고 있다.

시「정」은 또 구성이 탄탄하고 주제가 분명하다. 전체가 3연 8행으로 구성된 짧은 시이지만 임시인의 이번 시집을 대표하는 주제시主題詩라고 해도 지나치지 않을 정도로 작품 77편의 메시지를 단 8행 속에 함축시키고 있다. 특히 시인이 마지막 연에서 '끈끈한 것을/절단하지 못한/가슴의 탄소 덩어리'라고 묘사하였는데, 시의 주제 연으로 정情의 본질을 탄소덩어리에 비유한 점이 특이하다. 전반부에서 끈끈하다는 말로 정의 본질을 언급했는데, 후반부에 가서 그 정은 결코 절단할 수 없는 가슴의 탄소덩어리로 묘사한 점이 다소 낯설다. 그러나 탄소는 대기 중에서는 이산화탄소로, 지상에서는 화석 연료나

석회암으로, 수중에서는 탄산 이온으로, 생물권에서는 생물의 몸을 이루는 물질로 양면성을 지녔다고 할 때, 정情의 속성과 매우 유사함을 발견할 수 있다. 따라서 시「정情」은 정情의 속성과 탄소의 속성을 잘 포착하여 이미지화한 수작秀作으로 평가할 수 있다.

무화과는
익어 떨어지고

서리 앉은
나목은 춥다

고목은
봄을 기다리지 않는다.

-「홀아비」 전문

앞의 시「정情」이 수평적인 시점에서 단편적인 거리를 조명한 작품이라면, 시「홀아비」는 노년까지의 인생을 수직적으로 관찰하여 꽤 먼 거리를 조명한 작품이다. 이 시는 계절로는 가을, 인생에서는 노년을 나타내고 있어 정서 자체가 매우 쓸쓸하다. 노스럽 프라이*Northrop Frye*는 그의 저서 『비평의 해부*Anatomy of Criticism*』에서 인류는 사계절의 회귀回歸와 '출생-성장-사멸'의 순환을 어김없이 지키는 자연의 질서에 순응함으로써, 사계절에 따른 생활의 조화 있는 변화, 그리고 '출생-성장-사멸'이 주는 생명의 환희와 고통과 공포의 의미 있는 반복을 기하여 자연과 호흡을 같이 하고자 했다. 프라이의 사계원형에 따르면,「홀아비」의 시적 배경을 이루고 있는 가을은 하루 중에 석양이며, 인생에 있어서는 노쇠 또는 죽음을 상징한다. 시인은 이 작품에서 '서리', '나목', '고목'등의 시어를 차용해 가을 이미지를 강조하는 동시에 '떨어지고', '춥고', '봄을 기다리지 않는다'는 서술을 통해 외롭고 소외된 홀아비의 이미지를 자연스럽게 가을의 이미지와 결합시키고 있다. 홀아비를 제목으로 하고 있는 시이지만 시인은 홀아비에 대해서는 한마디도 언급하지 않고 끝까지 나무의 일생만을 진술하고 있다. 한그루의 나무가 세상에 태어나서 꽃이 피고, 열매를 맺고, 마침내 꽃과 열매를 맺은 다음, 나목이 되고, 고목이 되어 혼자 쓸쓸히 서 있는 정황을 묘사함으로써 홀아비의 입장과 처지를 연상케 한다. 만약 홀아비의 존재를 객관적으로 서술한다면 당연히 홀아비가 된 동기에서부터 홀아비로 살아가며 겪는 물리적 정신적 고통 등에 대해 소상히 밝혀야 할 것이다. 이처럼 언어가 사전적이거나 객관적인 의미로 사용될 경우 축어적 언어라는 말을 사용하는데, 만약 앞의 시 「홀아비」를 축어적 언어로 표현한다면 그 순간 시로서의 가치를 상실하게 될 것이다. 이 시에서 홀아비를 '떨어진 무화과無花果'로, 노인의 백발을 '서리 앉은 나목'으로, 희망을 잃고 홀로 사는 노인을 '봄을 기다리지 않는 고목'으로 비유한 점이 돋보인다.

이외에도 인간관계를 중심으로 정을 다룬 시가 자주 발견되는데, 「우정」이라는 시에서 '인생을 다 걸고'라고 표현한 것이라든가, '정처 없이 훌쩍 떠나고 싶은 동반자'라고 노래하면서 친구와의 밀착된 심리적 거리를 솔직하게 드러내는가 하면, 「회상」에서 과거에 좋아했던 과수원집 딸에 대한 아름다운 추억을 '란이의 미소가/과수원 울타리에 걸려있다'고 표현한 것은 시인의 놀라운 시적 상상력으로 높이 평가할 만하다. 먼 거리에 있던 아름다운 추억들을 상상의 힘을 통해 가까운 거리로 끌어내 상황을 실감나게 묘사한 점이 신선하다.

□ 임갑빈 시인의 작품에서 노스탤지어는 필연적으로 요구되는 정서 가운데 하나다. 그는 의외로 많은 곳에서 고향에 대한 그리움을 노래하고 있는데, 고향에 대한 그리움 역시 정情과 무관하지 않다. 인간관계에서 정에 일정한 거리로 존재하는 것처럼 유년 시절의 꿈과 추억이 살아있는 고향에 대한 그리움에도 심리적 거리가 존재한다.

① 백마강에
잠긴 보름달

고란사 범종소리에
물결 일면
강변에 갈대
덩달아 파도 타고

-「고향의 강·2」 1·2연

② 그물에 걸리지 않은 바람
꽃잎을 지우더니

꽃 바위
유비무환의
한을 달랜다

백마강에
물든 넋
영겁을 흐느끼며

하늘에서
땅에서
백제의 통곡소리 들린다.

-「낙화암」 전문

시①과 ②는 모두 부여를 노래하고 있다. 두 작품에서 공통적으로 사용되고 있는 시어는 백마강이다. 부여를 감싸고 있는 강으로 비단결 같다고 해서 금강이라는 이름이 붙었는데 특히 부여에 이르러 백마강이라 불린다. 따라서 백마강은 부여를 대표하는 상징적 존재인 동시에, 부여를 이야기할 때 필수적으로 사용되는 고유어다.

앞의 시에는 시인의 고향이 어딘지 밝히지 않았다. 다만 시①에서 제목을 '고향의 강'이라 붙였고, 시의 내용에 '백마강', '고란사'등의 부여를 상징하는 고유명사를 사용하고 있어서 시인의 고향이 부여라는 사실을 추측할 수 있지만, 시 ②의 경우는 지리적으로 부여를 노래하고 있으나 부여가 시인의 고향인지 아닌지는 어느 곳에서도 확인할 수 없다. 또한 시①과 ②는 똑같이 부여를 소재로 쓴 작품이지만 서로 상반되는 정서로 구성되어 있다. 시①이 감성적인 반면, 시 ②는 이성적이다. 전자가 낭만적이고 애정이 넘치며 가까운 거리에 있는 고은정이라면, 후자는 사실적이고 비애로 가득 차 있으며 먼 거리에 있는 미운 정이다. 다시 말해서 똑같이 고향을 노래하고 있으나 미학적 거리가 다르다. 또 다른 시「구룡 평야」에서 시인은 부여를 대표하는 백마강이나 고란사를 한마디도 언급하지 않았지만, '내 고향 부여扶餘/서편에/텅 빈 하늘이 있다‖달을 물고 행군하는/기러기 울음소리‖넓은 들녘/밭을 가는 워낭소리‖풍작의 기쁨/갈건이 풍물소리'라고 부여의 또 다른 자랑거리 구룡평야를 노래하고 있다. 그런데 이 시에서 시인은 화두를 '내 고향 부여扶餘'로 시작하여 시인의 고향이 부여라는 사실을 직설적으로 말하고 있다. 사실 이 시에서 '내 고향 부여扶餘'라는 첫 행이 없다면 부여를 노래한 시라고 말 할 수 있는 근거가 전혀 없다. 넓은 들녘, 밭을 가는 워낭소리,

갈건이 풍물소리는 우리나라 농촌의 어디서든지 쉽게 볼 수 있는 정경이기 때문이다. 따라서 시인이 시의 화두를 '내 고향 부여扶餘'라고 시작한 것은 의미상으로나 시의 구조상으로 특별한 의미가 있다. 구룡 평야의 위치를 부여의 서편에 있다고 공간적 거리를 먼저 확보해 놓고, 구룡 평야는 땅이 기름지고 관개시설도 잘 되어 부여군내 최대의 곡창지대를 이룬다는 특징을 상징적으로 묘사하고 있는 점이 논리적이다. 아울러 고향을 노래한 임시인의 시에 짙은 서정성이 깔려있는 것을 발견할 수 있는데, 시①에서 고란사의 범종소리에 물결이 일고 강변에 갈대도 덩달아 파도를 탄다고 한 표현이나, 시②에서 그물에 걸리지 않은 바람이 꽃잎을 지운다는 상상이 뛰어나다. 「가을 호수」에서 '은하수는/여인의 스카프처럼/반짝이며 너풀거린다'는 그의 상상력은 더욱 빛을 발휘한다. 하늘에 있는 은하수를 여인의 목에 두른 스카프에 비유하기란 그리 쉽지 않다. 하늘에서 여인의 목까지는 실제로 상상할 수 없는 거리다. 그러나 시인은 그 먼 거리를 스카프라는 객관적 상관물을 통해 최대한 단축시키고 있는 것이다.

□ 시가 시다운 것은 바로 사물을 단순히 일상적인 의미나 개념으로 이해하지 않고 그것을 일단 사물과 동일시하거나 또 다른 사물을 마음속에 그리는, 즉 이미지를 통하여 비상하게 사고하기 때문이다. 상상적 언어란 정상적인 일상의 언어가 아니라 이미 경험한 사물의 이미지를 재생하여 시인이 창조적으로 개작한 언어이며 이러한 언어를 통하여 시가 추구하는 미학적 세계를 달성하려는 것이 상상적 언어의 진실이다. 일찍이 인간은 자연 사이를 오가며 물아일체의 긴밀한 관계를 맺으려고 부단히 노력해왔다. 시인들 역시 의인법이라는

수사법을 작품 속에 도입하여 자연과 인간 사이의 미학적 거리를 좁히기 위해 부단히 노력해왔다

어깨를 두들기다가
떠나버렸네

떠난 자리
고추밭에 무지개 뜨고
굽은 허리 일으켜
주름살 펴드니

밤에는 열대야 몰아내고
나그네처럼 사라졌네.

-「소낙비·1」 전문

소낙비를 의인화한 작품이다. 임시인의 자연친화적인 시를 분석해보면 의인법을 자주 사용하고 있다. 앞의 시에서 소낙비가 하고 있는 행위는 온전히 사람의 행위와 일치한다. 소낙비가 사람처럼 다가와 어깨를 두들기고, 굽은 허리를 일으켜 주름살을 펴고, 밤에는 열대야를 몰아내는 등 소나기에게 온갖 감정을 다 이입시켜 사람들이 하는 행위를 그대로 재현시키고 있다.

그러나 소낙비와 사람은 결코 동일시할 수 있는 존재가 아니다. 외형이나 기능도 다르고 의사소통도 전혀 안 된다. 그래서 시인은 소낙비와 사람과의 거리를 좁히기 위해 의인화라는 수사법을 도입하여 동등한 관계를 만들고 있는 것이다. 이른바 언어의 상상력으로 인간과 자연의 미학적 거리를 최대한으로 좁히고 있다.

산골짝 개울물에
머리감는 소리

비구승의 목탁소리
노스님 법문소리

산새들 바라춤 추면
동자승 재잘대는 소리

골짝마다 울려나오는
조약돌의 노래 소리

-「조약돌」 전문

전체가 청각적 이미지로 이루어져 있는데, 각 연의 끝을 모두 '소리'라는 명사로 통일시키고 있는 점에 주목할 필요가 있다. 그래서 이 시를 읽으면 동글동글한 조약돌 속에서 마치 온갖 소리들이 들려오는 듯한 착각을 한다. 머리감는 소리, 비구승의 목탁소리, 노스님의 법문소리, 동자승 재잘대는 소리가 조약돌 속에서 울려나온다는 시인의 상상력이 놀랍다. 그리고 조약돌의 동글동글한 외형적 특성과 흡사한 사람의 머리, 목탁, 비구승, 노스님, 동자승을 시어로 선택한 것 또한 탁월하다. 반복적으로 '소리'라는 시어를 사용하여 산골짝의 정경을 생생하게 연상하도록 행을 배열한 것도 예사롭지 않다. 조약돌 하나에서 이처럼 풍부한 상상의 세계를 이끌어 낼 수 있는 것은 바로 시인의 능력에서 온 것이다. 임시인이 또 다른 시 「설화雪花」에서 눈앞에 펼쳐진 설경을 더 가까이 소유하고자 '나는 지금/설경을 액자에 넣고 있다'고 표현한 점도 거리를 좁히기 위한 심리적 발상으로 분석이 된다. 그밖에 많은 시에서 시인은 자연과의 친화를 통해 미학적 거리를 좁혀가고 있다.

□ 문학작품 속에 구현된 사상은 작품의 형식이나 기교 못지않게 중요하다. 사르트르*Sartre*는 제2차 세계대전 전의 작가들이 무책임했음을 비판하면서 동시대인을 위해 글을 쓰고, 동시대에 책임을 지는 글쓰기가 바람직하다는 앙가주망 문학을 제창한 바 있다. 그는 참여문학이 결코 '참여' 때문에 문학 그 자체를 망각하는 것은 아니라며, 현실 속에 작가 자신을 구속시키고 참여시키는 행위, 즉 앙가주망*engagement*의 중요성을 거듭 강조한 바 있다.

3월이 오면
창공에 선열의 미소

이 땅을 지켜온
당신의 희생
숭고한 넋을 받들어
묵념합니다.

당신의 인감으로
이 영토의 소유권을
무궁화 꽃으로
주인이 되게 하소서

-「태극기」 전문

임갑빈 시인은 이따금 현실 속으로 들어가 사람들과 만나 현장감 있는 이야기를 스케치한다. 그 대상은 사상일수도 있고, 때로는 사물이 되기도 한다. 앞의 시 「태극기」에서 보는 바와 같이 이 시는 참여시이며 애국시로 읽을 수 있다. 태극기는 우리 겨레와 국가를 상징하는 징표로, 특히 3월의 태극기는 의미하는 바가 크다. 일제의 압박 속에서 시달리던 우리 민족이 1919년 3월 1일 정오를 기하여 태극기를 들고 일제에 항거, 전 세계에 민족의 자주독립을 선언하고 온 민족이 총궐기하여 평화적 시위를 전개한 역사적 사건이 있기 때문이다. 3월은 그래서 이 땅을 지켜온 선열들의 희생에 고개를 숙이게 되는 것이다. 마지막 연에서 '인감', '영토', '소유권'이라는 시어를 사용하여 국토수호 및 나라사랑에 대한 강한 의지를 표명한 점, '무궁화 꽃으로/주인이 되게 하소서'라고 끝부분을 무궁화 꽃으로 마무리하여 「태극기」의 상징성을 극대화한 점도 돋보인다. 또 다른 참여시 「영원한 분노」에서 일제 강점기에 희생당한 젊은이들을 생각하며 억누르지 못하는 분노를 한줌의 재와 들꽃으로 승화시킨 곳에서는 애절함까지 느낀다. 사르트르가 주장한 것처럼 앙가주망은 반드시 정치행동이나 사회참여에 한정되는 것이 아니라, 시대와 상황에 속박되어 있음과 동시에 자유스러운 인간이 자기를 실현하기 위한 방편이 됨을 시사해준다.

빨갛게 물든
5월의 단풍이
미소 짓는다

달빛이
강물을 마시고
들새가
춤을 추고
바람이
뿌리를 흔들어도

고목에 핀 꽃은
시들지 않는다.

-「고목에 핀 꽃」 전문

외형적으로 보면, 이 시는 고목에 핀 단풍을 묘사한 서정시에 불과하다. 정치행동이나 사회참여의 기색이 전혀 없다. 그러나 한걸음 더 깊이 들어가서 보면 어떤 권력이나 상황에도 굽히지 않는 불굴의 의지를 내면에 담고 있는 현실참여의 시라는 걸 알 수 있다. 이 시에 나오는 5월은 우리의 근대사를 돌아볼 때 한국인들에게 의미가 깊은 달이다. 민주화투쟁이니 노동운동이니 혁명과 같은 역동적인 사회운동이 모두 5월에 일어났기 때문이다. 그래서 '5월의 단풍'은 특별한 의미로 읽을 수 있다. 단풍은 가을이 되어야 빨갛게 물들기 마련인데, 5월의 단풍은 제철인 가을과 거리가 멀어서 존재 자체가 불안하고 위태롭다. 그럼에도 불구하고 시인은 당당하게 '빨갛게 물든/5월의 단풍이/미소 짓는다'고 전면에 단풍을 내세우고 있다. 더구나 '빨갛게 물든 단풍'이 피를 상징한다고 할 때 범상치 않은 예감이 든다. 그런데 이 시의 2연에서 뜻하지 않게 달빛, 들새, 바람이 장애물로 등장한다. 그러나 이 시의 화자는 이 장애물로 인해 오히려 '고목에 핀 꽃은/시들지 않는다'고 자신의 의지를 더욱 강하게 표출하고 있다. 대체로 현실참여의 시는 흥분된 상태에서 길이도 길고, 격앙된 어조와 직설적인 표현을 즐겨 사용하는데, 임시인은「고목에 핀 꽃」에서 확인할 수 있듯이 적당한 거리에서 차분하고 은유적인 목소리로 세상을 관조하고 있는 점이 다르다. 또 다른 시「하늘의 밀어」에서 임시인은 '나는 하늘의 비밀을/알고 있다'고 화두를 꺼낸 다음 그 비밀들을 하나씩 꺼내서 고발하기도 한다.

영문도 모르는
조선의 소녀가
적도의 이방인이 되어

분홍빛 향기를
제국의 낙원에 뿌렸다

까맣게 탄 영혼
미로를 헤맨 채
뼈에 사무친 잔영만 남아

허탈한 세월 안고
돌아 온 백발

가슴에 묻어둔
아직도 못 다한 말
방방곡곡에 토한다.

-「소녀상·2」 전문

현실 참여시답게 임시인의 시치고는 제법 길이가 길다. 시의 제목으로 쓰이고 있는 '소녀상'은 일본군 위안부 피해자들의 명예와 인권을 회복하고, 전쟁의 아픔과 일본군 위안부 문제를 기억하면서 평화를 기원하기 위해 만든 조각상이다. 일본은 중일전쟁과 태평양 전쟁 등 침략 전쟁에 한국인 처녀 수십만 명을 강제로 끌고 가 군사 물자를 만드는 공장에서 일을 시키거나 군대 위안부로까지 이용하기도 했다. 그러나 일본 정부는 최근까지도 위안부를 강제로 동원한 것을 인정하거나 반성하지 않고 있어 우리의 분노를 자아내고 있다. 시인은 이런 분노를 함축적으로 형상화하고 있는데, 특히 맨 마지막에서 분노의 감정을 '토한다'라는 세 글자로 압축시킨 언어감각이 뛰어나다.

□ 자연을 바라보는 관점에는 객관적인 방법과 주관적인 방법이 있다. 객관적인 방법은 자연을 앞에 두고 밖에서 이해하는 방법이고, 주관적인 방법은 직접 자연 속으로 들어가 자연을 이해하는 방법이다. 임시인은 그동안 많은 곳을 여행하면서 직접 자연 속으로 들어가 가까운 거리에서 섬세하고도 리얼하게 자연을 묘사해왔다. 이른바 주관적 방법으로 자연 속으로 들어가 현장감 있는 목소리를 낸 것이다.

단풍
정수리 염색하고 하산하는데

안개
산허리 휘어감아
갈 길을 멈추게 한다,

풀잎
온 몸을 적셔 눈물짓는데

옛길
주막집 야화가
구름타고 전해온다

-「대관령 옛길」 전문

시인이 지금 서 있는 곳은 대관령 옛길이다. 대관령 옛길은 신사임당이 어린 율곡을 데리고 함께 넘던 길이고, 송강 정철이 쓴 『관동별곡』의 배경이 된 곳이다. 옛길은 현대문명을 벗어나 잠시 느림의 세계로 돌아가는 것이라고 했다. 지금은

고속도로가 뚫려 인적이 드물지만 대관령 옛길의 주막에 얽힌 애틋한 야화는 지금도 지나가는 사람들의 머릿속에서 전설처럼 지워지지 않고 있다. 시인이 산의 정상에서부터 아래쪽으로 물들어가는 단풍을 '정수리 염색하고 하산'한다고 표현한 것이나, '안개가 산허리를 휘어감아 갈 길을 멈추게 한다'는 표현이 신선하고 감동적이다. 여기서도 시인은 단풍이나 안개를 인격화해서 인간과 자연의 거리를 좁혀가고 있다.

또한 「대관령 옛길」은 시적 전개방법이 특이하다. 외형적으로 각연의 첫 행을 단풍, 안개, 풀잎, 옛길 등 두 음절의 명사로 운을 띠워놓고, 다음 행에서 그에 어울리는 글로 대구對句를 다는 형식을 취하고 있는 점이 특이하다. 그리고 1연과 3연을 '~는데'로, 2연과 4연을 '~다'로 통일시켜서 의도적으로 A+B, A′+B′의 규칙적인 구조를 만들어 리듬을 살리고 있는 점도 주목해 볼 일이다.

임시인이 외국을 여행하면서 쓴 시 가운데서도 미학적 거리를 좁히고자 의도한 작품들이 여러 편 발견된다.

> 이름 모를 꽃길엔
> 기모노 여인의 미소
>
> 뽀얀 유황 수증기가
> 벚꽃으로 활짝 핀다.
>
> –「유후인 휴양지」 3·4연

일본을 여행하면서 유후인 온천지역의 정경을 실감나게 묘사한 작품이다. 모두 4개의 연으로 구성된 시인데 여기서 가장 핵심이 되고 있는 부분은 4연이다. 시인은 '뽀얀 유황 수증기가/벚꽃으로 활짝 핀다'라는 두 행을 통하여 유후인이 온천지역이라는 사실과 3연의 '기모노'와 더불어 '벚꽃'이 일본을 상징한다는 사실을 암시하고 있다. 임시인이 뽀얀 유황 수증기의 이미지와 벚꽃의 이미지를 자연스럽게 결합하여 '유황 수증기가 벚꽃으로 활짝 핀다'고 표현한 상상력이 놀랍다. 유황의 수증기와 벚꽃은 색깔이나 모양이 매우 유사하다는 점을 잘 살려 썼다. 유후인 온천은 오이타켄 유후시에 있다. 일본의 보양법에 따라 보양온천지역으로 지정되어 마을법으로 건물지역의 건축층수를 제안하거나, 온천지역의 콘셉트에 맞지 않는 상가의 입점을 거부할 정도로 유후인 전통의 분위기를 고수한다고 한다.

밀림을 달리던
긴 황금열차

서행하기에
잡아탔다.

–「아나콘다」 전문

2연 4행 20자로 된 이 시는 짧지만 시심詩心이 잘 드러나 있다. 아나콘다는 남아메리카 열대 지역이 원산지로 브라질, 콜롬비아, 베네수엘라, 아르헨티나 등에 분포되어 있는 왕뱀이다. 주로 물에서 생활하는 수생동물로 땅에서는 느리지만, 물속에서는 재빠르다. 뱀 중에서도 몸집이 큰 뱀 종류 중 하나로 유명하다. 이처럼 몸집이 크고 땅에서는 느리고 물속에서는 재빠른 아나콘다의 특징을 예리하게 포착하여 황금열차에 비유하고 있는 시인의 시적 감각이 탁월하다. 화자는 아나콘다를 멀리서 바라만 보고 있는 것이 아니라, 직접 그 위에 올라타는 적극성을 보이고 있다. 먼 거리에서 바라만보고 있는 것이 아니라, 가장 가까운 거리에서 피부로 대상을 느끼고 있는 것이다. 한 치의 거리도 두지 않고 화자와 아나콘다의 사이를 밀착시켜 끈끈한 정을 만들어가고 있는 것이다. 이밖에 「벳부의 지옥온천」, 「마닐라 베이 석양」을 비롯한 여러 편의 시에서도 현장감 있는 따뜻한 목소리를 들을 수 있다.

임갑빈 시인만큼 따뜻하고 진솔하게 시를 쓰는 시인도 보기 드물다. 그는 등단 이후 해마다 1권씩의 시집을 묶어내리만큼 열정적으로 시를 쓴다. 네 번째 시집에서 보듯이 그의 시는 몇 편의 참여시를 제외하고는 모두 길이가 짧은 게 특징이다. 여러 차례 칼질을 하여 군더더기가 거의 없다. 사실 시가 산문처럼 길어진다면 시로서 의미를 상실한다. 시는 조각이고 산문은 조소와 같은 것이다. 다시 말해서 시는 큰 고체덩어리를 수없이 깎아내고 다듬어서 하나의 형태를 만들어가는 것이고, 산문은 먼저 철사나 나무 등으로 튼튼하게 뼈대를 만들어놓고 거기에 살을 붙여가며 형체를 완성해가는 것이라고 할 수 있다. 그렇다면 시가 굳이 복잡한 수식어들로 포장될 이유가 없다. 세련된 시인은 긴 이야기를 효과적으로 함축할 수 있어야 한다.

또 그의 시에는 따뜻한 미학적 거리가 있다. 이 미학적 거리는 한마디로 인간과 인간, 인간과 사물, 인간과 세상 사이에 존재하는 끈끈한 정情으로 해석할 수 있다. 임시인이 이번 시집에서 사람·향수·자연·애국·여행 등을 중심소재로 다루면서 직접 대상 속으로 들어가 현장감 있는 목소리를 전하고 있는 점이 아직도 따뜻하게 느껴진다.

네 번째 시집 출간을 진심으로 축하하며, 앞으로 좋은 작품으로 세상을 밝게 비추기를 기대한다.

임갑빈 제 4시집

대관령 옛길

2018년 11월 25일 인쇄
2018년 11월 27일 발행

지은이 임 갑 빈
펴낸이 신 용 호
펴낸곳 창조문학사

서울 서대문구 홍은동 397-26 동천아카데미 5층
등록번호 제1-263호
전화 374-9011, Fax 374-5217
공급처 한국출판협동조합 전화 716-5616~9

값 10,000원
ISBN 978-89-7734-634-5